Catherine Barrailler

Illustrateur : Aymeric Carton

Purée de patates !

La patate, oui, mais pas en purée !

théâtre

BoD-Books on Demand

© 2018 Catherine Barrailler et Aymeric Carton
Éditeur : BoD-Books on Demand,
12/14 rond point des Champs Élysées, 75008 Paris, France
Impression : BoD-Books on Demand, Norderstedt, Allemagne

ISBN : 978-2-322-10428-4

Dépôt légal : février 2018

A mes enfants :
Aymeric,
Maxence
et ma fille étoile, Cynthia Stella !

Le volcan:

la colère contre l'agitation de la vie.

Scène 1 : Le bus raté

_ Ah ! Crotte de caniche et caca de chèvre ! Purée de patates ! Flûte ! Zut !

_ Oh, Maxaym, tu es tout rouge. Tu ressembles à un volcan tout proche de l'éruption.

_ Pour sûr, tout mon corps bouillonne. Je suis furieux. J'ai envie de tout casser sur mon passage.

_ Tu exprimes ta colère, c'est bien, Maxaym. Mais penses-tu réellement que tout casser serait la solution à ton problème ? Si tu le veux, je peux t'aider, sans doute, à t'éviter la catastrophe naturelle, à calmer ton volcan. Que t'arrive-t-il ?

_ Je viens de rater le bus pour aller à l'école.

_ Ah ! Je comprends ta colère. C'est ennuyeux.

_ C'est pire que cela, c'est un véritable désastre.

_ Y penseras-tu encore le jour de tes dix ans ?

_ C'est quoi cette question ? Ben, non, évidemment.

_ Alors, oublie cela tout de suite !

_ Mais je ne le peux pas, je dois partir. Et pas dans quelques mois. Tout de suite, maintenant.

_ As-tu une solution pour aller à l'école ?

_ Non, justement. C'est bien pour cela que je suis furieux. Je n'ai aucun moyen pour m'y rendre. Mes parents et mes voisins sont déjà tous partis. Et aucun autre bus n'est prévu pour la journée.

_ Si je comprends bien, tu ne peux pas aller à l'école aujourd'hui.

_ Waouh ! Tu es perspicace, Cynthia Stella. Tu comprends vite, toi.

_ Si tu n'as aucun moyen pour résoudre ton problème, pourquoi t'énerves-tu ?

_ Vraiment ? Tu ne comprends pas pourquoi je suis si furieux ? Est-ce réellement compliqué à comprendre ?

_ Non, ce n'est pas compliqué à comprendre. J'ai très bien compris. Tout ton corps est en ébullition parce que tu as raté ton bus. Mais moi, j'essaie de t'aider à calmer ta grande colère. Je tente de t'éviter l'explosion.

_ Comment veux-tu que je me calme ? Ma maîtresse et mes parents vont m'assassiner.

_ Maxaym, je comprends très bien ton souci et ses conséquences. Ceci dit, je vois aussi que ta grosse contrariété ne te rend pas heureux. C'est pourquoi je t'interroge sur l'intérêt de te mettre dans cet état, puisque, de toute façon, tu ne peux rien changer à ta situation.

_ Et toi, puisque tu as l'air d'être si maligne, que ferais-tu à ma place ?

_ Je ne suis pas à ta place.

_ Tu vois, tu n'as pas non plus de solution.

_ Pourquoi ne l'accepterais-tu pas, tout simplement ?

_ Comme tu m'agaces, toi ! Ce n'est vraiment pas drôle.

_ Tu penses qu'en te montrant fou de rage, tu échapperas à tes assassinats ? Ta maîtresse et tes parents n'assassinent que les enfants calmes et détendus ?

_ Pff ! Pauvre Cynthia Stella ! Tu es vraiment trop stupide. Je ne sais pas pourquoi je continue à bavarder avec toi.

_ Mais, Maxaym, c'est sérieux ce que je te dis. Bon, considérant ta montée de lave inquiétante, n'irais-tu pas faire un tour dans la forêt vers chez toi ?

_ Je te dis que je suis pressé, que je dois partir à l'école et toi, tu me proposes une balade en forêt. Pff ! As-tu beaucoup d'autres idées comme celles-ci ?

_ Tu sais, la nature a un pouvoir incroyable.

_ Alors là, je t'avoue que tu m'intrigues.

_ La nature nous rend ce que l'agitation de la vie nous confisque. Dans ton cas, la nature pourrait te redonner ce que les transports scolaires t'ont pris.

_ N'importe quoi ! Tu es en train de me faire croire que la forêt va m'offrir un bus supersonique. Tu me prends vraiment pour un idiot.

_ Tu trouveras bien mieux que cela.

_ Une splendide voiture de course, alors ? Trop cool !

_ Maxaym, tu peux passer ta vie entière à courir après des tas de choses.

_ Sans bus pour aller à l'école, c'est certain qu'il va falloir que je me mette à fond à la course à pied.

_ La nature nous ramène à l'essentiel. Elle nous apporte le calme, la sérénité. Et, semble-t-il, tu en aurais grandement besoin.

_ Tu me vois, ce soir, dire à mes parents. Papa, maman, aujourd'hui, je ne suis pas allé à l'école. Je suis allé à l'essentiel.

_ Et pourquoi pas ?

_ Non, mais alors là, tu dérailles complètement.

_ Moi, dérailler ? Si seulement c'était vrai. Je serais un train et je pourrais te conduire à l'école puisque tu n'as que cela à l'esprit.

_ Tu te moques de moi, ce n'est vraiment pas très sympa.

_ Non, je ne me moque pas de toi. J'essaie de te faire comprendre que quand on ne peut pas changer les choses, il vaut mieux les accepter.

_ D'une certaine manière, tu as complètement raison.

_ Ah ?

_ Oui, c'est vrai. J'ai raté mon bus et je ne peux malheureusement pas revenir en arrière. Je n'ai pas d'autre solution que d'assumer mon erreur. Je me ferai très certainement punir par mes parents et ma maîtresse. Après tout, je l'aurai mérité.

_ Waouh, Maxaym ! Tu as tout compris: **évite l'éruption de ton volcan en acceptant ce que tu ne peux pas changer !**

Les éclairs:

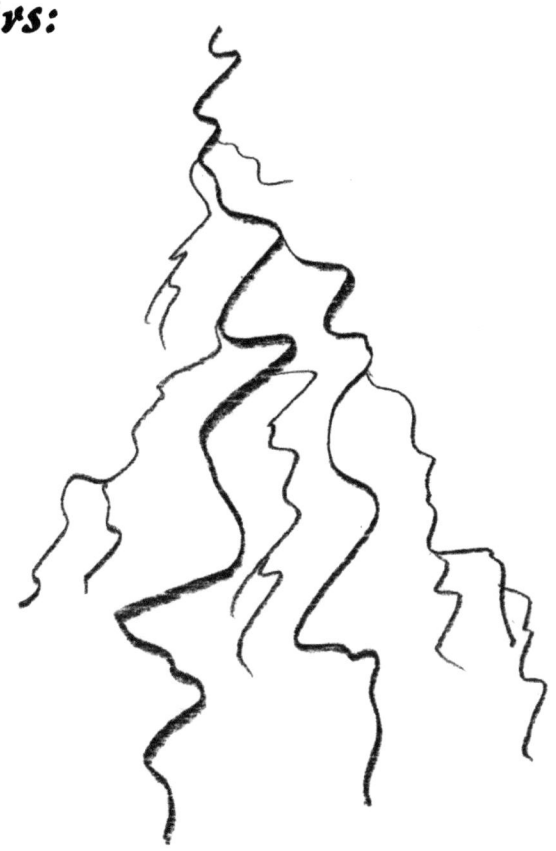

la colère contre soi-même.

Scène 2 : La mauvaise note

_ Ah ! Crotte de caniche et caca de chèvre ! Purée de patates ! Flûte ! Zut !

_ Oh, Maxaym, tes yeux lancent des éclairs. On dirait qu'il y a de l'orage dans l'air.

_ C'est tout à fait cela. Je suis très, très en colère contre moi.

_ Il faut absolument faire quelque chose avant que tu ne te foudroies. Maxaym, raconte-moi ce qui s'est passé ?

_ J'ai fait une bêtise que je regrette et que j'aurais pu éviter. Je vais me faire assassiner.

_ Encore ! Je croyais que c'était déjà fait.

_ Pourquoi dis-tu cela ?

_ L'autre jour, quand tu as raté ton bus, tu devais déjà te faire doublement assassiner : une fois par ta maîtresse et une autre fois par tes parents. D'ailleurs, je ne savais pas que ce genre de choses était possible deux fois.

_ Très drôle ! De toute façon, cela est une histoire ancienne, maintenant.

_ Du coup, comment s'est passé ton double assassinat ?

_ En fait, ma maîtresse m'a dit de me débrouiller pour rattraper le travail en retard. Les copains m'ont aidé, c'était cool. Par contre, mes parents m'ont puni: privé d'écran durant une semaine. Maintenant, j'ai compris et j'arrive toujours au moins cinq minutes avant l'arrivée du bus.

_ Comme quoi, il faudrait dire aux inspecteurs de police que les assassinats ont parfois du bon.

_ Toujours aussi drôle, toi !

_ C'était juste pour te remonter le moral. J'aimerais t'aider à éloigner le tonnerre qui gronde en toi. Au fait, tu ne m'as toujours pas dit: qu'est-ce qui a déclenché cet orage ?

_ Ne m'en parle pas ! J'ai eu une note catastrophique en histoire. Mes parents vont m'assassi... Enfin, ils vont être furieux. Et ne me demande pas si le jour de mes dix ans, j'y penserai encore.

_ Moi, je n'ai rien dit. Je comprends très bien ta colère.

_ Cela fait une semaine que je dois apprendre cette leçon sur l'Antiquité.

_ Par Toutatis !

_ Toi, Cynthia Stella, tu as vraiment le don de m'agacer.

_ Oh, je te taquine. Ce n'est pas méchant. Et pour ta note, ce n'est pas grave, tu as fait de ton mieux.

_ Justement, non, je n'ai pas fait de mon mieux. Je n'avais qu'à apprendre ma leçon, ce n'était pas difficile. Mais comme un idiot, j'ai préféré jouer à ma console.

_ Ah !

_ J'ai essayé hier soir d'apprendre cette fichue leçon, mais rien n'est entré solidement dans ma tête. C'était trop tard.

_ Ben, écoute, c'est fait. Tu le sais qu'on ne peut pas retourner en arrière. Souviens-toi : tu dois accepter ce que tu ne peux pas changer.

_ Je le sais. Ce qui est fait est fait. Par contre, l'assassinat par mes parents n'est pas encore fait, lui et il est pour très bientôt.

_ Oh, je sais que tu es fort et que comme les héros de ta console, même mort, tu en ressortiras vivant.

_ Ha, ha, très drôle ! Sais-tu que, parfois, tu m'horripiles ?

_ Pourquoi ? Ai-je tort ?

_ Non, tu as raison. Je sais que je ne vais pas mourir pour cela et que la punition qui m'attend n'est qu'un mauvais moment à passer. De plus, je reconnais que je l'aurai bien méritée.

_ Voilà, bravo ! Ton problème a disparu. Passe à autre chose, maintenant !

_ Mais, ce n'est pas la punition qui me contrarie le plus.

_ Ah bon, c'est quoi, alors ? As-tu un autre souci ?

_ Je sais que si j'avais travaillé, j'aurais pu avoir une

excellente note.

_ OK, mais tu ne l'as pas fait.

_ Ben, oui et c'est cela qui est énervant.

_ Fais comme pour le bus !

_ Que veux-tu dire par là ?

_ Tu as mis quelque chose en place pour ne plus rater ton bus. Fais pareil pour tes leçons !

_ Pour sûr, je ne recommencerai pas cette erreur, car je ne me sens pas bien du tout.

_ C'est génial, ça, Maxaym.

_ Ah, oui ? Je me sens mal et mon amie trouve cela génial. Comme cela fait chaud au cœur de se sentir soutenu !

_ Mais que tu es bête, Maxaym !

_ Encore mieux. Voilà que, maintenant, ma meilleure amie m'insulte !

_ Mais, non. Ne le prends pas mal, Maxaym ! Tu ne comprends pas ce que je veux te dire.

_ Bah, sois plus claire alors !

_ Tu as compris que ne pas apprendre tes leçons est un impair puisque cela ne te rend pas heureux. Tu as dit que tu allais tout faire pour ne pas reproduire cette maladresse.

_ Oui. Mais, ce n'est pas toujours facile.

_ C'est certain que cela demande parfois beaucoup d'efforts et de rigueur. Mais cela vaut le coup, car après, on se sent tellement bien. Maxaym, **laisse passer l'orage et change ce que tu peux changer et qui ne te rend pas heureux.**

BIEN-ETRE

Change ce que tu peux changer et qui ne te rend pas heureux !

2

Scène 3 : Des moqueries !

_ Ah ! Crotte de caniche et caca de chèvre ! Purée de patates ! Flûte ! Zut !

_ Ouh, Maxaym, on dirait un taureau prêt à charger. Je peux presque voir la fumée qui sort de tes narines.

_ C'est fort possible. Je suis très, très en colère.

_ Que t'arrive-t-il ? As-tu eu une nouvelle mauvaise note ?

_ Pas du tout ! Maintenant, j'ai compris. Chaque soir, j'apprends toutes mes leçons et je dois dire que je trouve les évaluations très faciles. J'ai des résultats plus que satisfaisants et j'en suis très content.

_ Génial ! Voilà ! Tu as trouvé tout seul comment te rendre plus heureux.

_ Mouaih ! Enfin là, je sature. Je suis très en colère contre des camarades de ma classe. J'aimerais effectivement bien les encorner.

_ Ta méthode n'a pas l'air de fonctionner pour tout. A qui aimerais-tu donner des coups de cornes ?

_ A des filles de ma classe. Elles n'arrêtent pas de dire des choses méchantes sur moi et elles en rigolent.

_ Penses-tu qu'elles se moquent méchamment de toi ?

_ C'est évident.

_ Si tu le dis.

_ Ce n'est pas évident pour toi ?

_ Pas obligatoirement ! Elles peuvent rigoler parce que tu les fais rire, tout simplement.

_ Mouaih ! Je n'y crois pas trop. Ces filles, elles sont méchantes avec tout le monde.

_ Et toi, que fais-tu ?

_ Rien. Enfin, si ! Quelquefois, je leur donne quelques bonnes ruades.

_ Et te sens-tu mieux après ?

_ Pas vraiment ! On se fait tous gronder et punir par la maîtresse.

_ Si te montrer violent n'arrange pas ta situation, pourquoi le refais-tu ?

_ Parce que je suis trop énervé. Mais il est vrai que, quand je fais mal à quelqu'un, je ne me sens pas bien du tout. J'ai plutôt honte.

_ Souviens-toi, Maxaym ! Change ce que tu peux changer et qui ne te rend pas heureux !

_ OK, mais cela ne me dit pas ce que je dois faire quand des camarades se moquent de moi. Cela me rend tellement triste et en colère.

_ Leur as-tu dit?

_ Quoi ?

_ Que ce que tes camarades disent de toi te rend triste et t'énerve.

_ Quelquefois, oui.

_ Et alors ? Qu'est-ce que cela t'a fait ?

_ Pour dire vrai, cela m'a fait du bien. Je me suis senti écouté et libéré. Et je crois qu'elles aussi ont compris que ce qu'elles faisaient n'était pas sympa.

_ Tu vois, tu l'as, ta solution.

_ Oui. Et non.

_ Pourquoi non ?

_ Non, parce que, à d'autres moments, elles n'ont pas voulu m'écouter et cela m'a rendu encore plus fou de rage. Du coup, je les ai toutes insultées.

_ Je suppose que cela t'a soulagé. Tu t'es senti certainement beaucoup mieux après.

_ Oui et non. Oui, sur le moment, cela m'a libéré. Et non, parce que, après, je ne me suis pas senti très fier. Je comprends bien que taper, insulter, ne me rend pas heureux mais que faire d'autre ?

_ Tu m'as dit tout à l'heure que tu trouvais ces filles

méchantes avec tout le monde.

_ Oui, c'est certain.

_ Tu ne les trouves donc pas très intéressantes ?

_ Nullement intéressantes.

_ Alors, pourquoi prêter attention à ce qu'elles disent ?

_ Parce que cela me vexe.

_ Ce qu'elles disent est vrai ?

_ Non ! Mais, quand elles font cela, je ne me sens pas compris, pas respecté et pas aimé.

_ En même temps, il y a plus de sept milliards d'êtres humains sur la Terre. Si tu cherches à te faire aimer de tous, ta vie ne te suffira sans doute pas. On est tous différent. On ne peut pas plaire à tout le monde.

_ Ce que tu dis me semble juste. Mais, je n'aime pas me sentir rejeté.

_ Certes, ce n'est pas très agréable, mais tu ne peux pas changer les autres, ni même agir à leur place. Par contre, toi, si tu restes toi-même, fier de ce que tu dis, fier de ce que tu fais, fier de qui tu es, où est le problème ?

_ Effectivement, cela a l'air simple.

_ Maxaym, si tu veux être heureux, **prends le taureau par les cornes et fais ce qui te rend fier !**

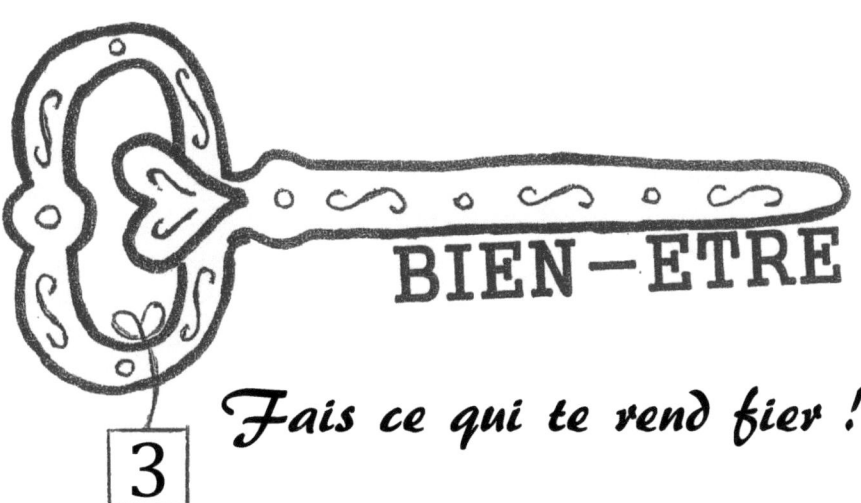

Scène 4 : Mon chat est mort.

_ Ah ! Crotte de caniche et caca de chèvre ! Purée de patates ! Flûte ! Zut ! Bouh bouh bouh...

_ Tu pleures, Maxaym ? Les méchantes filles de ta classe t'ont-elles encore malmené ?

_ Non, ce n'est pas cela. Elles sont devenues des copines maintenant.

_ C'est génial ! Alors pourquoi es-tu si triste ?

_ Mon petit chat Câlinou est mort. Je suis triste et désespéré.

_ Ah ! Je comprends que tu sois triste. Pleure, mon ami, cela fait du bien.

_ C'est terrible. Bouh bouh !!!

_ Maxaym, ne te laisse pas submerger par ta tristesse. Si tu continues de pleurer de la sorte, tu risques de devenir responsable d'une terrible inondation et tu le regretteras. Allez, viens ! On met de la musique et on danse.

_ N'importe quoi ! Décidément, Cynthia Stella, tu ne comprendras jamais rien à rien.

_ Si, j'ai bien compris. Ton petit chat adoré, ton confident, ton doudou, ton meilleur ami animal est mort aujourd'hui et tu es profondément accablé.

_ Bon, ben, si tu as compris, laisse-moi tranquille ! Je suis effectivement trop abattu.

_ J'ai bien compris ta profonde tristesse, Maxaym. Perdre un ami est un événement très douloureux. Mais moi, je tiens à toi et je ne veux justement pas que tu te fasses engloutir par toutes les larmes de ton corps. Ainsi, je te propose de retrouver ton bien-être en te trémoussant avec moi sur nos chansons préférées.

_ Cynthia Stella, tu es encore plus folle que je ne le pensais.

_ Ca, c'est sympa. Ceci dit, tu n'as certainement pas tort. Mais, pas de chance pour toi, car j'adore ma folie.

_ Pas de chance, moi ? C'est pire que cela. Mon Câlinou est mort. Je ne le reverrai plus jamais. Bouh bouh bouh...

_ Allez, viens danser !

_ Je n'ai vraiment pas le cœur à faire la fête. Laisse-moi tranquille !

_ Tu préfères te conforter dans ta tristesse, te morfondre ?

_ Oui.

_ Sais-tu que le meilleur remède contre la tristesse, c'est la joie ?

_ Ah oui, tu sais cela comment ? Depuis quand es-tu

médecin, toi ? Et puis, de toute façon, tu as de drôles d'ordonnances, personne ne viendra à ton cabinet.

_ Pas grave car je ne suis pas médecin et je n'ai pas de cabinet. Par contre, je suis d'accord pour dire que si j'en étais une, je délivrerais sans doute de drôles d'ordonnances. Allez, viens avec moi délirer sur la musique ! On va bien rire.

_ Laisse-moi ! Je n'ai vraiment pas envie de rigoler. Rentre chez toi !

_ Allez, viens ! Peut-être qu'au début, cela ne sera pas facile, mais je suis sûre qu'au bout de quelques musiques, tu retrouveras de la joie.

_ Je te dis que je n'en ai pas envie. Comment faut-il te le dire ?

_ En dansant, par exemple.

_ Toujours le sens de l'humour, toi.

_ Crois-tu que pleurer toutes les larmes de ton corps fera revivre ton Câlinou ?

_ Non, je suis lucide. Je sais que je ne reverrai plus jamais mon Câlinou. C'est vraiment trop douloureux. Bouh ! Bouh ! Bouh !

_ Et si tu voyais les choses autrement ?

_ Autrement ? Ben non, Câlinou est mort. Il est mort et bien mort et c'est terrible, affreux, épouvantable.

_ Cela est certain. Et, tu ne peux rien changer à cela. Donc, ne vaudrait-il pas mieux que tu l'acceptes ?

_ Je ne peux pas l'accepter. C'est trop douloureux. Je l'aimais trop mon Câlinou.

_ Pour retrouver ton bien-être, il va bien falloir que tu l'acceptes, Maxaym. Tu ne vas pas rester malheureux toute ta vie. Avoue que ce serait dommage ! Donc, au lieu de voir la disparition de Câlinou comme un tragique événement, si tu en percevais le positif ?

_ Le positif ? Ma pauvre Cynthia Stella, il faut vraiment que tu consultes d'urgence un médecin, tu es devenue folle, complètement folle.

_ Si tu pensais à la chance d'avoir pu vivre de bons moments avec Câlinou.

_ Cela est certain que Câlinou m'a offert beaucoup de tendresse, de joie et parfois même du réconfort.

_ Tu vois que tu as de la chance.

_ J'ai eu cette chance, mais maintenant, je ne l'ai plus. Oh, mon Câlinou, que vais-je faire sans toi ?

_ Ben, rien ! Effectivement, sans lui, ta vie est fichue.

_ C'est comme cela que tu me réconfortes ! Je croyais que tu étais une amie.

_ Maintenant, c'est moi qui ne te comprends plus. Je te fais partager ma vision des choses. Je t'aide à noyer ton chagrin en te proposant de chasser tes pensées négatives. Tout cela pour que tu nages dans le bonheur. Et à cet instant, c'est toi qui fais des vagues et qui te déferles sur moi.

_ Mouaih ! Cynthia Stella, arrête de te plaindre ! Cesse de te lamenter ! Mets la musique à fond et viens danser ! Allez, qu'attends-tu ? Dépêche-toi !

_ Euh, moi, rien, rien, j'arrive. Tu es vraiment incroyable, Maxaym.

_ Ben quoi ? Câlinou est mort. Je ne peux pas le ressusciter.

_ Effectivement ! **C'est bien toi qui fais la pluie et le beau temps.** Alors, **chasse ta tristesse et tes pensées négatives** et dansons !

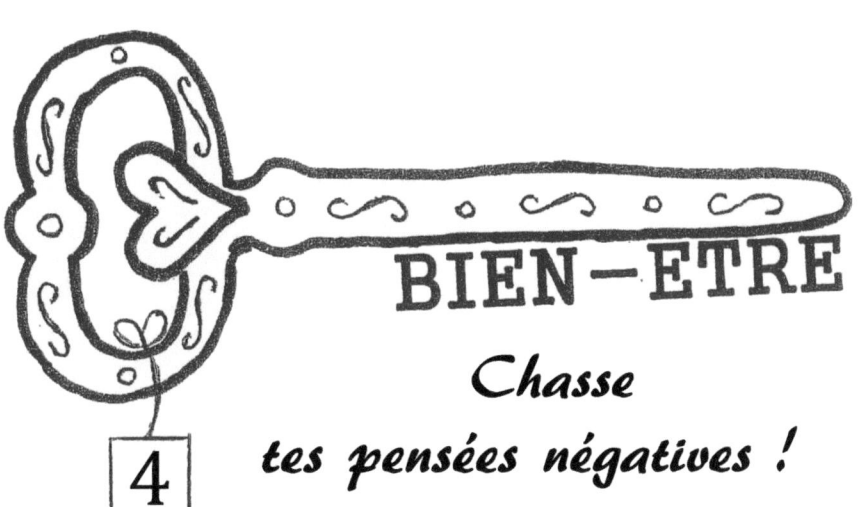

Scène 5 : Je suis moche

_ Ah ! Crotte de caniche et caca de chèvre ! Purée de patates ! Flûte ! Zut !

_ Aujourd'hui, Maxaym, tu n'as pas l'air, d'être en grande forme. Tu es sombre, noir comme un corbeau.

_ C'est pire que cela. Je suis complètement déprimé. Je n'ai plus trop le goût pour faire des choses.

_ Quelqu'un d'autre que ton chat Câlinou est mort ?

_ Non. Câlinou reste dans mon cœur. Il n'est plus là, mais ma vie continue.

_ Alors, quel est ton problème ?

_ J'aimerais mieux qu'elle soit morte.

_ C'est affreux de dire cela. De qui parles-tu ?

_ Je parle de ma beauté.

_ Ben là, j'avoue ne pas te comprendre. Tu devrais t'en réjouir si ta beauté n'est pas morte.

_ Elle n'est pas morte parce qu'elle n'a jamais existé. Je suis moche et je l'ai toujours été.

_ Tu fais bien de me le dire. Cela fait quarante ans que je suis ton amie et je n'avais jamais remarqué ta laideur.

_ Pff ! N'importe quoi ! Tu délires encore. Je n'ai que

neuf ans.

_ Oui, mais je me disais, autant prendre de l'avance, car je ne vois pas comment ton problème pourra s'arranger. Tu es né vilain et tu le resteras toute ta vie.

_ J'adore être avec toi, Cynthia Stella. Toi, tu sais me remonter le moral.

_ Que veux-tu que je te dise ?

_ En plus d'être gros, d'avoir un nez tordu, les oreilles décollées, depuis ce matin, j'ai un gros bouton en plein milieu du front.

_ Où ça ?

_ Tu n'es pas drôle. Non, vraiment, c'est affreux. On s'est déjà tellement souvent moqué de mon physique.

_ Qui on ?

_ Des copains à l'école. Ils m'appellent souvent le gros Biscornu.

_ Des copains ? J'ai hâte que tu me les présentes, tes amis.

_ Ben, quoi, ils ont raison.

_ Si tu veux le penser, c'est ton droit, c'est ton choix.

_ Non, ce n'est pas mon choix. Mon choix serait d'être beau.

_ Croac ! Et que cela changerait-il à ta vie ?

_ Tout le monde m'admirerait. J'aurais de nombreux amis. Ce serait formidable.

_ Oui, bien sûr, suis-je bête, c'est évident. Tes amis seraient tous très beaux. Ils seraient tellement plus heureux que les moches qu'ils passeraient leur temps à se moquer des autres.

_ Que veux-tu dire par là ?

_ Moi, rien. Ah, si, j'ai justement une idée qui me traverse l'esprit. Et si l'on faisait comme dans les années 1940. A cette époque, on tuait les Juifs. Si aujourd'hui, on tuait les moches. Il ne resterait sur la Terre que des gens beaux. Ce serait formidable, n'est-ce pas ? Qu'en penses-tu ?

_ Ce que j'en pense ? Comme d'habitude, ma pauvre Cynthia Stella, que tu es complètement folle !

_ Ah oui, pas bête. Question intéressante: est-ce que l'on garderait les beaux fous ? Moi, pour sûr, je suis folle. Mais suis-je belle ou bientôt morte ?

_ Sais-tu que tu m'énerves ?

_ Regarde tous ces gens qui nous regardent ! Tu les trouves beaux ou moches ? Et à eux, que va-t-il leur arriver ?

_ Arrête ! C'est gênant. C'est bon, j'ai compris où tu voulais en venir.

_ Qu'as-tu compris ? Que c'est grandement dommage, car je venais te chercher pour aller au cinéma ?

_ Pourquoi dommage ? Je veux bien y aller, moi.

_ Ce serait génial, mais, malheureusement, tu ne le peux pas.

_ Pourquoi ? J'ai fini mes devoirs.

_ As-tu déjà oublié ? Tu es trop moche. Tout le monde va le voir.

_ Qui a dit que j'étais moche ?

_ Tu es vraiment certain de vouloir venir, car c'est un film en 3 D. Tout le monde aura des lunettes et ils verront tous ton affreux bouton en plein milieu de ton front. Ils le verront en relief. Beurk ! Pouah !

_ Où ça, un bouton ? Dans tous les cas, j'ai des yeux et des oreilles qui fonctionnent plutôt bien. Cela me semble le plus important pour voir et entendre un film. N'es-tu pas de mon avis ?

_ Sans doute que si.

_ De toute façon, je me moque de ce que pensent les autres.

_ Tu sais, mon bel ami que je t'adore. **Le corbeau a beau se laver souvent, il n'en deviendra pas plus blanc. Alors, autant s'aimer, aimer les gens qui nous traitent bien et oublier les autres !**

_ Allez, viens, ne perdons plus de temps ! La séance va certainement bientôt commencer.

BIEN-ÊTRE

Je m'aime ainsi que les gens qui me traitent bien. J'oublie les autres !

5

Le canard boiteux :

l'agacement.

Scène 6 : Je ne suis pas amoureux.

_ Ah ! Crotte de caniche et caca de chèvre ! Purée de patates ! Flûte ! Zut !

_ Qu'y a-t-il, Maxaym ? Fais voir ! Retourne-toi ! Non, je ne vois rien. Aucun nouveau bouton en vue. Peut-être se cache-t-il sur ton derrière ? Mais là, je ne me permettrai pas d'aller y jeter un œil.

_ Pff ! Tu n'es pas drôle. Non pas de bouton, même pas sur mes fesses. Par contre, fais bien attention à ton beau plumage !

_ Pourquoi dis-tu cela ? Comptes-tu me voler dans les plumes ?

_ Non, si mademoiselle poisson arrête ses bulles.

_ Oh, mais monsieur Maxaym, ferait-il de l'humour ?

_ Avec toi, c'est un peu obligé. Pourtant, je n'ai pas grande envie de rire. Je suis en colère et très agacé.

_ Tu n'es pas content ? Pourquoi ? On dirait effectivement un canard boiteux.

_ Tu ne crois pas si bien dire. Toute la classe cancane que je suis amoureux de Juliette.

_ Tu es amoureux de Juliette ? Mais c'est cool. Génial ! Je suis trop contente pour toi.

_ Mais tu ne vas pas t'y mettre, toi aussi ?

_ Quoi ? Je ne comprends pas. Explique ! C'est cool d'être amoureux, non ?

_ Mais, justement, je ne suis pas amoureux de Juliette.

_ Ben de qui alors ?

_ Mais de personne.

_ Ce n'est pas grave. Tu as toute la vie pour tomber amoureux.

_ Mais je n'ai pas envie d'être amoureux, moi. Je préfère jouer au foot.

_ C'est bien aussi le foot. Quel est alors ton problème ?

_ J'en ai marre que la classe cancane en chœur : « Maxaym est amoureux ! Il est amoureux de Juliette ! »

_ Ah oui, je comprends. C'est terrible. C'est affreux. C'est épouvantable. C'est catastrophique.

_ Tu te moques, là ?

_ Moi, pas du tout. Pourquoi le devrais-je ?

_ Mets-toi à ma place ! Ce n'est vraiment pas marrant d'entendre sans cesse ce roucoulement.

_ Me mettre à ta place, ce n'est pas possible. Moi, je ne suis pas amoureuse de Juliette.

_ Mais, moi non plus. Tu m'agaces, Cynthia Stella. De

toute façon, je sais que tu m'as compris. Allez, que ferais-tu, toi ?

_ Je ne sais pas. Mais, je comprends que c'est vraiment trop grave. Il faut faire quelque chose et vite. Et si nous contactions le chef de la police française ou mieux encore le président de la République ?

_ Est-ce censé me faire rire ?

_ Tu as raison, c'est n'importe quoi. Et si, par malheur, Juliette s'apercevait en plus que tu as la peau lisse aux fesses, cela n'arrangerait pas tes affaires.

_ Arrête, Cynthia Stella ! Ce n'est pas drôle. Aide-moi à sortir la tête de l'eau, s'il te plaît !

_ Ben, là, tout de suite, je ne vois que 3 solutions.

_ Ah oui, lesquelles ?

_ La première, tombe amoureux de Juliette ! De cette façon, la chanson de tes camarades prendra du sens.

_ Très amusant. Passe tout de suite à la deuxième !

_ La deuxième, bâillonne tous tes copains ! Ils ne pourront plus rien dire, ni même chanter.

_ Surtout pas cela. Sinon je serai le seul à devoir répondre aux questions de la maîtresse.

_ Bien vu. Je n'y avais pas pensé. Pas cela, alors. Tu as raison. Ce serait encore plus l'enfer. Mieux vaut tomber amoureux de Juliette que tomber sous le flot des questions de ta maîtresse.

_ Pour sûr. Mais tomber amoureux de Juliette, ce n'est absolument pas envisageable.

_ Il ne reste donc plus que la troisième solution.

_ Allez, vas-y, parle ! J'ai hâte de savoir.

_ N'y prête pas attention !

_ Attention à quoi ?

_ A leur chanson. Joue au foot à la récré ! Tes copains finiront bien, un jour, par s'en lasser.

_ Ce n'est pas idiot.

_ **Si tu ne veux pas être un vilain petit canard boiteux et si tu veux être heureux comme un poisson dans l'eau, n'écoute plus les cancans. Prête attention à ce qui te rend joyeux et oublie le reste !**

_ Bien vu. J'opte pour ta troisième solution. Sais-tu que je t'aime, toi, ma jolie petite canne à sucre ?

_ Ah, non, beurk ! De toute façon, moi, je préfère le dessin et le coloriage.

BIEN-ETRE

6

Prête attention à ce qui te rend heureux ! Oublie le reste !

Scène 7 : C'est trop injuste.

_ Ah ! Crotte de caniche et caca de chèvre ! Purée de patates ! Flûte ! Zut !

_ Que t'arrive-t-il, Maxaym ? Es-tu finalement tombé amoureux de Juliette ? Est-ce bien cela ? Quel drame ! C'est épouvantable.

_ Mais non. Plus personne ne m'ennuie avec cela. Enfin, à part toi, maintenant.

_ Excuse-moi ! Je ne voulais pas te blesser.

_ Désormais, cette histoire est classée. J'ai fait comme tu m'as dit. Je n'ai plus prêté attention à leur chansonnette. Cela s'est passé comme tu l'avais prévu: tout le monde s'est lassé rapidement. Et maintenant, ils viennent tous jouer au foot avec moi à la récréation. C'est trop bien. On rigole bien.

_ Cool ! La vie est belle, alors ?

_ Oui, si l'on veut.

_ Tu n'as pas l'air de le vouloir aujourd'hui ?

_ Si, je le voudrais bien, mais j'en ai marre de me faire disputer à la place de ma petite sœur.

_ Mais, mon petit canard, tu sais bien que la mare n'est pas un endroit pour toi.

_ Très drôle, Cynthia Stella, mais tes allusions ne me

font pas rire. Je me sens beaucoup trop énervé et très agacé.

_ Je ne comprends pas très bien, Maxaym. Ta petite sœur fait une bêtise et c'est toi qui te fais disputer ?

_ En quelque sorte, c'est cela.

_ Comment fais-tu cela, toi ? Il faut être sacrément fort pour arriver à cela.

_ Je ne plaisante pas. C'est plus qu'énervant.

_ Enervant, certainement. Je comprends très bien ton ras-le-bol. Mais c'est aussi, très beau. Tu te sacrifies pour ta petite sœur. Tu vas devenir un Saint. Promis, je prierai pour toi.

_ Toujours le mot pour rire, sauf que là, je n'en ai vraiment pas envie. Je suis privé d'écran pendant une semaine.

_ Cela t'est déjà arrivé et tu ne l'avais pas si mal pris. Tu en es même ressorti complètement vivant.

_ Oui, je m'en souviens. Je le méritais, car je n'avais pas appris ma leçon, mais là, ce n'est pas pareil.

_ Pourquoi ce n'est-il pas pareil ? N'as-tu pas fait de bêtise, cette fois-ci ?

_ Si, mais je n'étais pas tout seul à la faire. Pourquoi n'y a-t-il que moi qui suis puni ?

_ Certainement parce que tes parents ne t'aiment pas ou parce qu'ils préfèrent ta petite sœur.

_ Tu crois ?

_ Moi, je ne crois rien. J'essaie de comprendre ce qu'il t'arrive.

_ Ne trouves-tu pas cela injuste ?

_ Je ne sais pas. Tu l'as faite cette bêtise ou pas ? Tu mérites cette punition ou pas ?

_ Oui, je l'admets.

_ Alors, quel est ton problème ? Que voudrais-tu ?

_ Que ma petite sœur soit punie aussi.

_ C'est quoi qui t'énerve le plus ? Le fait que tu sois puni ou le fait que ta petite sœur ait été plus maligne que toi ?

_ Certainement les deux.

_ Qu'est-ce que cela t'apporterait que ta petite sœur se fasse punir aussi ?

_ Au moins, ce serait juste.

_ Je vois. Tu adores ce qui est juste. Et faire une bêtise, est-ce juste ?

_ Ben, non mais...

_ Te réjouir pour ta petite sœur qui a échappé à la sanction, est-ce trop te demander ?

_ Oui, bien sûr.

_ La punition pour ta petite sœur te rendrait-elle plus heureux ?

_ Oui... Enfin, je ne sais pas.

_ Tu sais, moi, quand j'ai des pensées négatives que je barbote en boucle, que je n'arrive pas à faire sortir de mon esprit, je descends à la rivière en bas de chez moi. Je dépose tous mes soucis sur un bâtonnet de bois flottant que je place ensuite sur l'eau. Je regarde le bâtonnet et mes problèmes filer dans le courant. Ensuite, je me sens beaucoup mieux, beaucoup plus légère.

_ Et crois-tu que je pourrais y mettre ma petite sœur quand elle m'énerve ? Ou mes parents quand ils me punissent ?

_ C'est à toi de voir. Mais sache que parfois, ils ne reviennent plus jamais.

_ Cela peut être embêtant. Je vais y réfléchir.

_ Ne crois-tu pas que ce serait plus simple d'accepter la punition que tu mérites ? Ne serait-ce pas mieux d'assumer tes responsabilités ? Tu as fait une bêtise. Peu importe si tu n'étais pas tout seul à la faire. L'important, c'est que tu te sentes fier et heureux. Pour cela, **quitte ta mare du trop injuste et montre-toi responsable**

de tes actes !

_ Cela n'est pas idiot. Je vais y réfléchir.

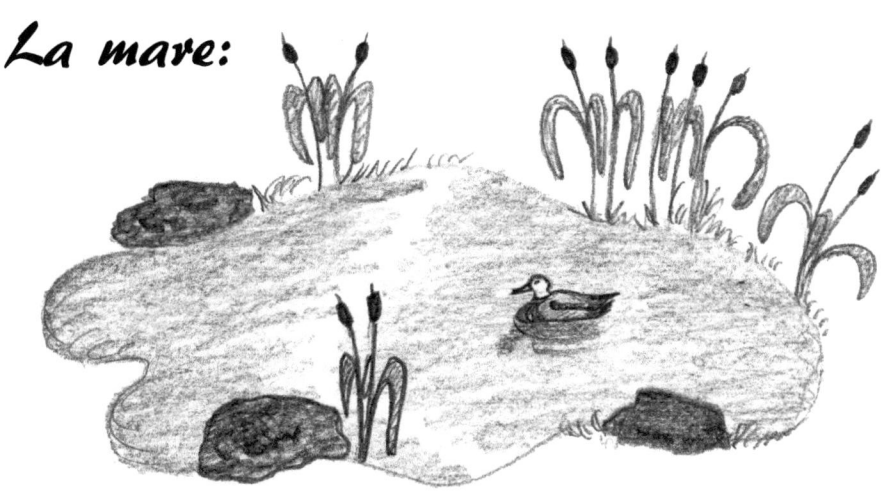

Scène 8 : Marre de l'école !

_ Ah ! Crotte de caniche et caca de chèvre ! Purée de patates ! Flûte ! Zut !

_ Ah, toi, te serais-tu fait à nouveau punir ? Et ta petite sœur aurait-elle échappé à la sanction ?

_ Pas du tout. J'ai compris que cela ne servait à rien de tous se faire punir pour une bêtise. Et surtout, maintenant, j'assume pleinement mes responsabilités.

_ Bravo, Maxaym ! Tu peux vraiment être fier de toi.

_ Je suis fier de moi et pourtant, je ne me sens pas heureux.

_ Quel est, aujourd'hui, ton problème, Maxaym ?

_ Oh, Cynthia Stella, ce n'est pas un problème d'aujourd'hui, c'est un problème de toute ma vie.

_ Ouh, cela doit être grave, alors ?

_ Plus que grave. J'en ai marre de l'école.

_ Encore cette mare ! Je vais commencer à croire que tu adores les endroits marécageux. Serais-tu un beau prince à la recherche de la grenouille qui se transformerait en princesse ?

_ Arrête de fabuler, Cynthia Stella ! C'est très sérieux. Je n'ai pas du tout envie de rire. Je n'ai plus du tout envie d'aller à l'école. Je sature. Je suis démotivé et très fatigué.

_ Effectivement, c'est très sérieux. Il n'y a guère plus grave.

_ Tu te moques encore de moi, mais je t'assure que l'école, c'est épuisant et vraiment pas amusant.

_ Ah ! Mais je ne me moque pas de toi. Je prends cela très au sérieux. Et je trouve même que c'est génial que tu sois à l'écoute de tes sensations et que tu saches nommer tes émotions. Cela est essentiel.

_ Mes parents disent que le principal souci d'un écolier, c'est quand leur professeur est absent. Ils ne comprennent vraiment rien. Le principal souci d'un écolier, c'est quand leur professeur est là.

_ Tu as complètement raison. En plus, l'école ne sert à rien.

_ Bah, si, elle sert, quand même.

_ Ah bon ! Et à quoi sert-elle alors ?

_ Maintenant que je sais lire, je peux me débrouiller pour faire beaucoup de choses que je ne pouvais pas faire auparavant, comme lire des histoires, faire des recettes de cuisine, faire des jeux sur l'ordinateur.

_ Si tu le dis.

_ Ben oui. De plus, mes parents s'aperçoivent que j'ai grandi et ils me laissent faire des choses que ma petite sœur n'est pas encore en âge de faire. Tout cela n'empêche en rien que l'école, ce n'est vraiment pas marrant.

_ Tu as complètement raison. Les mares sont amusantes alors que les récréations sont plus qu'ennuyeuses.

_ Ah non, les récrés, j'adore. On rigole bien avec les copains.

_ Quels copains ?

_ Les copains de l'école.

_ Où les as-tu rencontrés ? Chez toi ?

_ Ben, non ! ... Ah, je vois où tu veux en venir. Mais, j'ai aussi des copains dans mon quartier.

_ Aimes-tu les vacances ?

_ Ben oui, bien sûr ! Quelle question ? C'est évident.

_ Pour avoir des vacances, il faut travailler, n'est-ce pas ?

_ Je ne te suis pas. Que veux-tu dire ?

_ Les vacances sont un repos du travail. Comment veux-tu avoir du repos si tu ne travailles pas ?

_ Effectivement, c'est une vision des choses.

_ Je suis sûre que tes parents adorent, chaque jour,

aller au travail, faire les courses, les repas, le ménage, payer les impôts.

_ Je n'en suis pas aussi sûr que toi, moi. Mais il faut bien qu'ils travaillent. Comment feraient-ils alors pour vivre et nous faire vivre ?

_ Alors, tes parents, eux, ils doivent travailler mais pas toi ?

_ Ben oui. Ce n'est pas moi qui dois payer la maison, la nourriture, les factures. Je suis bien trop petit.

_ Et toi, tu ne deviendras jamais un adulte ?

_ Si, évidemment. Ah ! OK, j'ai compris. Mais cela n'empêche que l'école, ce n'est pas marrant.

_ Tu es libre de penser ainsi. C'est ton choix. Mais sache que tu pourrais voir les choses autrement. On a tous des devoirs, des obligations. On peut les voir comme des corvées ou on peut se dire que c'est le moyen d'accéder à une vie confortable. C'est grâce au travail que nous pouvons avoir un toit, de la nourriture, des loisirs, des consoles et que sais-je encore... ?

_ Vu comme cela, c'est vrai que l'école est un véritable conte de fées. Cela devient ultra magique. Vivement, demain que j'y retourne ! Quand je serai adulte, je me marierai et j'aurai beaucoup... J'aurai beaucoup...
(Maxaym se tourne vers le public et attend que ce dernier dise : « beaucoup d'enfants. »)
Mais non, il n'est point question d'enfants. Tous ces gens-là, ils ne comprennent vraiment rien à rien. Je me

marierai et j'aurai beaucoup de consoles, et même toutes les consoles qui existent au Monde.

_ Ben, voilà, beau prince ! **Arrête de jeter des pavés dans la mare et perçois le bon côté des choses ! Positive !**

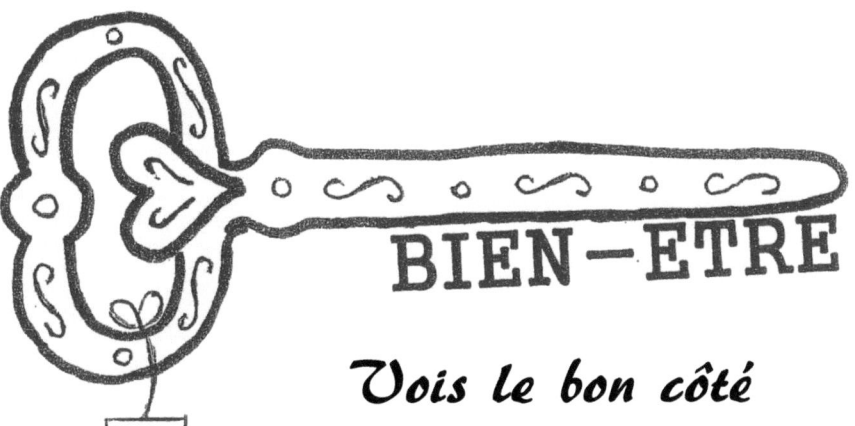

BIEN-ETRE

Vois le bon côté des choses ! Positive !

Scène 9 : Mes parents se séparent

_ Ah ! Crotte de caniche et caca de chèvre ! Purée de patates ! Flûte ! Zut !

_ Ah, Maxaym, es-tu toujours en colère contre l'école ?

_ Non, l'école, ça va. Je n'aime pas tout ce que l'on y fait, mais je me suis aperçu que finalement, on apprend quantité de choses intéressantes.

_ Tant mieux. Qu'est-ce qui te préoccupe, alors ?

_ C'est bien plus grave que l'école.

_ Bien plus grave ? Mais je croyais qu'il ne pouvait rien n'y avoir de plus grave.

_ Ben si. Mes parents se séparent.

_ Ah oui ! C'est effectivement bien plus grave.

_ Je suis furieux et triste à la fois. C'est terrible. C'est affreux. Rien ne sera jamais plus pareil.

_ Je comprends très bien ta colère et ta tristesse. Je vois bien qu'en toi, c'est le tonnerre qui gronde et les averses de pluie ne sont pas loin à se déverser. Cependant, rien n'est jamais pareil. Tout évolue sans cesse.

_ Te rends-tu compte ? Plus de Noël, plus de vacances, plus d'anniversaire tous ensemble en famille.

_ Sans doute que tu as raison.

_ Ma grand-mère dit que quand on fait des enfants, on ne se sépare pas.

_ C'est sa vision des choses, mais apparemment, ce n'est pas celle de tes parents.

_ Pourquoi mes parents veulent-ils se séparer ? Pourquoi ?

_ A ton avis ? N'as-tu pas une petite idée ?

_ Je ne sais pas. Peut-être qu'avec ma petite sœur, on a fait trop de bêtises, ces derniers temps.

_ C'est bien connu que les parents divorcent parce que leurs enfants ne sont pas assez sages. D'ailleurs, tous tes copains, eux, ne font jamais de bêtises.

_ Ben si, ils en font.

_ Alors, comment se fait-il que leurs parents restent encore ensemble ?

_ Bah, je ne sais pas. Je ne sais pas non plus pourquoi les miens, ils veulent se séparer.

_ Tu as certainement une explication. Et si c'était parce que tu es trop moche ?

_ Pff. Cynthia Stella, tu es vraiment trop bête.

_ Mais monsieur, je ne vous permets pas de porter une

telle accusation à mon égard.

_ Il est vrai que cela fait quelque temps que ce n'est plus comme avant. Avant, on rigolait bien tous ensemble. Maintenant, c'est rarement très joyeux à la maison.

_ Comment expliques-tu cela ?

_ Je ne sais pas trop. Sans doute que mes parents ne sont plus très heureux ensemble.

_ Si tes parents ne sont plus heureux ensemble et si l'ambiance de la maison n'est plus joyeuse, pourquoi voudrais-tu que tes parents restent ensemble ? Ils ont sans doute compris qu'il vaut mieux changer ce qui ne les rend plus heureux.

_ D'accord, mais en faisant ce choix, ont-ils pensé à nous, à moi et à ma petite sœur ? Ont-ils pensé à notre bonheur à nous ? Ne trouves-tu pas leur décision égoïste ?

_ Retenir quelqu'un qui n'est plus heureux à ses côtés, est-ce une réelle preuve d'amour ? Puisque tu parles d'égoïsme, cela ne le serait-il pas ?

_ Sans doute que si.

_ Permettre à quelqu'un d'être pleinement qui il est, de l'accepter avec ses atouts et ses limites, de lui accorder sa pleine liberté, sont, à mon sens, les preuves d'amour les plus profondes. Agir en ce sens, ne rend-il pas fier et donc heureux ?

_ Peut-être! Je ne le sais pas. Mais qu'allons-nous devenir, moi et ma petite sœur ?

_ Vous allez découvrir et inventer une autre façon de vivre.

_ Mais, je n'ai pas demandé à vivre autre chose, moi.

_ C'est comme pour l'école. Il y a des choses que tu ne choisis pas. Elles arrivent à toi et tu ne peux pas les changer. Il vaut alors mieux les accepter car lutter contre elles ne sert à rien et surtout, cela ne rend pas heureux !

_ J'ai peur.

_ C'est normal d'avoir peur. L'inconnu fait souvent peur.

_ Qui dois-je aimer le plus ? Papa ou maman ?

_ Qui t'a demandé de choisir ?

_ Personne. Mais avec qui vais-je habiter ?

_ Je ne sais pas. As-tu demandé à tes parents ?

_ Non, je n'ose pas.

_ Pourtant je suis certaine que tu te sentiras mieux quand tu le sauras.

_ Certainement.

_ Si tu penses que tu iras mieux, pourquoi ne leur

demandes-tu pas ? Fais ce qui te rend heureux !

_ Je te l'ai dit, je n'ose pas.

_ De quoi as-tu peur ? D'être trop heureux ? Peureux ? Enfin, trop joyeux ? Ou peut-être, as-tu peur que tes parents se séparent une nouvelle fois ?

_ Très amusant.

_ Tes parents ont choisi de divorcer. Alors, oui, c'est certainement la tempête en toi. Tu ne peux en aucune façon changer leur décision. Par contre, tu peux considérer cela comme une tragédie et te laisser emporter par la tristesse. Ou alors, tu peux percevoir les choses plus positivement en les acceptant et en te disant que tu vas vers de nouvelles aventures.

_ Oui, tout compte fait, ce n'est pas si bête.

_ **Ne fais pas comme le tyran qui a toujours le tonnerre et la foudre à la main. Parfois, la seule chose que tu peux changer, c'est ta vision des choses quand celle-ci ne te rend pas heureux.**

_ Je suis ultra pressé. Je te laisse. Je vais voir mes parents. J'ai de nombreuses questions à leur poser ! Merci, Cynthia Stella, pour ta vision des choses.

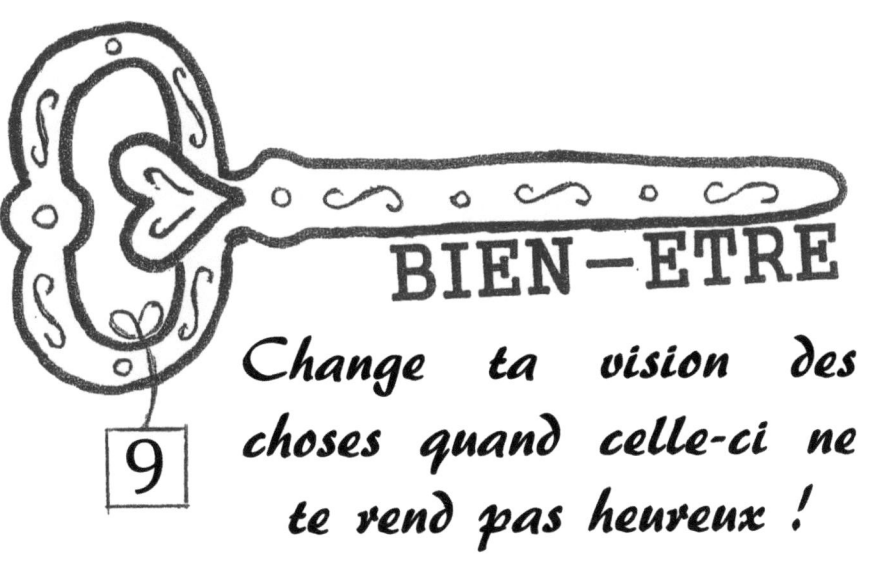

BIEN-ÊTRE

Change ta vision des choses quand celle-ci ne te rend pas heureux !

Le loup:

les complaintes, les lamentations.

Scène 10 : Que de plaintes

_ Ah ! Crotte de caniche et caca de chèvre ! Purée de patates ! Flûte ! Zut !

_ Que se passe-t-il, Maxaym ? On dirait un loup qui geint sous la lune. Est-il arrivé quelque chose à tes parents ?

_ Non, mes parents vont très bien. Et moi, j'ai bien compris que s'ils n'étaient plus heureux ensemble, il valait effectivement mieux qu'ils se séparent.

_ Waouh ! C'est cool que tu vois le divorce de tes parents de cette manière. Tu es vraiment étonnant.

_ Etonnant, moi ? Peut-être, mais pour les catastrophes, alors.

_ Que t'est-il arrivé, mon pauvre ami ?

_ Rien de spécial. Mais je m'aperçois qu'il ne m'arrive que des ennuis ! Je vais être bientôt connu comme le loup blanc à éviter. A toi, il ne t'arrive jamais de tuiles. Tu es toujours joyeuse.

_ De quoi veux-tu parler au juste ?

_ Ben, regarde. On dirait que je ne suis bon qu'à faire entrer le loup dans ma bergerie. Je rate mon bus. J'ai une très mauvaise note sans parler qu'à l'école, des camarades se moquent de moi. Mon chat que j'aimais tant est mort. Je suis moche. Et plus, tout le reste.

_ C'est vrai que ce n'est pas trop la peine que tu en rajoutes. Cela fait déjà beaucoup de soucis, tout cela. Je comprends très bien que tu puisses crier au loup.

_ Tu vois ? Je me jette toujours dans la gueule du loup. Il ne m'arrive que des ennuis. Quand il y a une bêtise, c'est toujours moi que l'on accuse et que mes parents punissent.

_ C'est vrai que vu sous cet angle, je ne changerais pour rien au monde ta vie contre la mienne. Et moi, j'ai la chance d'avoir un papa qui ne me punit jamais.

_ Ah bon ? Tu vois que tu es une chanceuse, toi. Au fait, je ne l'ai jamais vu ton papa.

_ C'est normal. Je te dis qu'il n'est pas comme tous les papas que tu connais.

_ Qu'est-ce qu'il a de si spécial ton papa ?

_ J'ai un papa étoile. Il est beau. Il brille. Je lui parle quand je veux. Il m'écoute toujours et il ne me donne jamais de punition.

_ Jamais de punition ? Tu en as de la chance, toi. Quelle veinarde ! Mais, je ne comprends pas trop qui est ton papa et ce qu'il fait.

_ Mon papa ne vit plus sur la Terre. Il est mort quand j'avais six ans.

_ Oh pardon, excuse-moi, je ne le savais pas.

_ Pourquoi t'excuser ? C'est vrai que j'aurais aimé partager des choses avec lui sur cette Terre, mais c'est bien aussi un papa étoile. C'est peut-être lui qui fait que je n'ai pas autant de soucis que toi.

_ Ben, franchement, je ne sais pas. Je ne sais plus. Ressembles-tu à ton papa ? As-tu des photos de lui ?

_ Non, je n'en ai plus, car il y a trois mois, ma maison a brûlé.

_ Oups, je ne croyais pas si bien dire quand tout à l'heure, j'ai dit que tu n'avais pas de tuiles. C'est vrai ? Mais c'est terrible. Tu ne possèdes plus rien? Tu n'as plus aucun jouet ?

_ Non, je n'ai plus rien.

_ Mais c'est terrible.

_ Pourquoi ?

_ J'avoue que je ne te comprends pas. Tu n'as plus de télévision, plus de console, plus de ballon et tu gardes le sourire.

_ Non, je n'ai plus de tout cela. J'apprends alors à vivre autrement et c'est ultra amusant. Je découvre de nouvelles joies, comme passer du temps avec toi ou avec d'autres copains. J'adore. Ceci dit, je n'ai pas toujours le sourire, mais j'essaie de ne pas rester trop longtemps dans des émotions désagréables. J'ai bien compris que la colère, la tristesse, le désespoir ne me rendent pas heureuse.

_ Mouaih ! Enfin, moi, sans console, je ne peux pas l'imaginer une seconde.

_ C'est normal car toi, tu n'as vraiment que des ennuis dans ta vie. Tu réussis bien à l'école et du coup, tu dois toujours avoir des bonnes notes. Moi, je fais de mon mieux. J'apprends mes leçons mais le lendemain, je ne sais plus rien. De plus, les lettres se mélangent dans ma tête. Lire et écrire, c'est difficile pour moi. Ma maman s'inquiète et se demande ce que je vais faire plus tard. Mais moi, cela ne m'inquiète pas. Je ne sais pas encore ce que je ferai, mais je suis persuadée que j'ai une place à occuper dans ce Monde.

_ Waouh ! Franchement, tu m'épates et je ne sais plus trop quoi penser. Je me demande si, tout compte fait, tu n'aurais pas plus d'embrouilles que moi.

_ Qui t'a parlé d'embrouilles ? Je ne me plains pas du tout de ma vie. Je l'aime ma vie et comme je te l'ai dit, je ne l'échangerais pas contre la tienne. Tu as vraiment trop de soucis, toi. Cela ne doit pas être drôle tous les jours ?

_ Je dois t'avouer que je me sens stupide et perdu.

_ Oh ! Encore un problème de plus dans ta vie.

_ Euh, non, je ne le pense pas. Au contraire, je viens de comprendre.

_ Qu'as-tu compris ?

_ Moi, je vois la vie comme une lutte permanente. Toi,

tu la perçois toujours très positivement. Il ne m'arrive pas plus d'ennuis qu'à toi, voire sans doute même moins. Mais moi, j'ai tendance à laisser mes émotions désagréables prendre le dessus. Toi, tu ne laisses pas la négativité te submerger.

_ Ben, c'est vrai que **je ne crie pas au loup ! Je ne me place pas en victime et je suis actrice de ma vie !**

_ J'ai très bien compris, Cynthia Stella.

_ Allez, tu viens ? On va jouer au loup dans le parc. Mais, attention : interdiction de faire entrer le loup dans la bergerie !

Le Soleil :

le rayonnement, la joie.

Scène 11 : La vie est belle !

_ Yeah ! Waouh ! Yala !

_ Oula, que t'arrive-t-il, Maxaym ? Tu es un véritable rayon de Soleil. Tu scintilles de mille feux. Tu m'as l'air en super forme.

_ Ah, oui, je me sens heureux et rempli d'énergie.

_ Qu'as-tu fait de ton caniche et de tes chèvres ?

_ Je les ai libérés. Maintenant, ils se sentent très certainement légers, libres et heureux, tout comme moi, d'ailleurs.

_ Et ta purée de patates, l'as-tu mangée ?

_ Désormais, je ne réduis plus les patates en purée. Je les croque à pleines dents, tout comme ma vie.

_ Waouh, comme tu as la patate ! C'est génial. Cela me fait grandement plaisir de voir que tu as la frite. Mais, j'avoue être étonnée. J'ai l'impression d'avoir raté un épisode. Que s'est-il donc passé ? De quoi n'ai-je pas été informée ?

_ Rien de particulier. Mais toi, Cynthia Stella, pourquoi es-tu si surprise de me voir joyeux ? Etais-je si déprimé que cela, avant ?

_ Disons que tu avais souvent de nombreux soucis qui t'empêchaient d'être pleinement heureux.

_ Des soucis, moi ? Y en a-t-il beaucoup par ici ?

_ Oh, toi, tu es tombé amoureux.

_ C'est exactement cela.

_ Génial ! Comment s'appelle l'heureuse élue ?

_ Oh, mon amoureuse, elle est belle...

_ Alors, qui est-elle ? Quel est son prénom ?

_ Elle est splendide, drôle, pleine de surprises.

_ Je la connais ?

_ Bien sûr que tu la connais.

_ Allez, dis-moi, cesse le suspens, qui est-elle ?

_ La vie ! Je suis amoureux de la vie.

_ Waouh ! C'est magnifique ce que tu dis. Alors, tu n'as plus du tout de soucis.

_ Je dirais plutôt que j'ai changé ma vision des choses. Je mets en pratique tous les précieux conseils que tu m'as donnés durant ces neuf derniers mois. Mes erreurs, je les embrasse. Elles me permettent de grandir et d'avancer sur le chemin de mon bonheur.

_ Que veux-tu dire par là ?

_ Le coup de blues, la mauvaise humeur ne sont pas

partis très loin. Ils tentent, parfois, de revenir m'envahir. Mais à ce moment-là, je pioche une clé dans ta caisse à outils.

_ Une clé ? Dans ma caisse à outils ? Mais je n'en ai pas. Le bricolage n'est pas mon fort.

_ Tu en as une et tu ne le sais même pas ? En plus, la tienne, elle est sacrément magique.

_ Ah oui ? Euh, peux-tu détailler, m'en dire davantage ?

_ Ta boîte à outils pour le Bien-Etre. Par exemple **quand quelque chose de désagréable m'arrive, si je peux la changer, je mets tout en œuvre pour améliorer ma situation. Si je ne peux pas la changer, je l'accepte.**

_ Ah oui, je comprends ce que tu veux dire. Etre heureux, c'est bien le désir de tous, n'est-ce pas ?

_ Tout à fait et c'est pourquoi **je chasse mes pensées négatives de mon esprit.** Ces vilaines ne me rendent pas heureux.

_ Vas-tu à la rivière pour les chasser ?

_ Non, contrairement à toi, ce n'est pas facile pour moi d'aller au bord d'une rivière. Alors, j'ai trouvé une autre astuce. Je place mon souci dans ma tête, je l'observe un petit moment et par surprise, hop, je le chasse en faisant des mouvements d'éventail avec mes mains. Tiens, regarde, comme ceci. Et puis, je souffle dessus. FFFFFFFFF ! Et je le regarde partir, s'envoler. Ensuite, je mets de la musique et je danse.

_ Dans la vie, nous avons tous la même quête: le bonheur. Mais tu as raison, nous n'empruntons pas tous le même chemin pour y accéder. Nous sommes tous différents. Maxaym, tu es éblouissant. Comme je suis heureuse de te voir ainsi !

_ **Je vois le bon côté des choses maintenant. Et je change ma vision quand celle-ci ne me rend pas joyeux.** Du coup, **je prête attention à ce qui me rend heureux et j'oublie le reste.**

_ Il est vrai que quel que soit le chemin emprunté, on y trouve forcément des obstacles comme un bus raté, le décès d'un être cher, des moqueries, un mal-être ou que sais-je encore. Ces obstacles nous provoquent des émotions désagréables telles que la colère, la tristesse et c'est tout à fait normal. Il est nécessaire de les accueillir, mais par contre, il n'est pas utile de les entretenir. Les clés du Bien-Etre nous aident à les relativiser, à les surpasser. Elles nous apaisent et nous conduisent vers un sentiment agréable: la joie.

_ Ben oui. Et tout cela me donne la patate. Enfin, plus de patate en purée, c'est terminé ! Désormais, je les préfère en frites. J'adore vivre dans cette belle énergie. **Je m'aime. J'aime aussi les gens qui me traitent bien et les autres, je les oublie.**

_ J'adore te voir briller comme cela, Maxaym. Tu es splendide. Tu es vraiment lumineux : un vrai rayon de Soleil. C'est un pur bonheur.

_ **Je suis désormais pleinement responsable de mes actes. Je ne me place plus en tant que victime**

et j'agis en faisant ce qui me rend fier. J'ai bien conscience que tous ces changements, je les ai faits grâce à toi, Cynthia Stella. Merci beaucoup, ma grande amie.

_ Ce n'est pas moi que tu dois remercier mais toi, Maxaym. **C'est bien toi le seul acteur de ta vie.** Fais ce que tu aimes et tu seras libre. Aime ce que tu fais et tu seras heureux.

_ Tu as sans doute raison. Demain, je t'inviterai chez moi. Ce sera mon anniversaire. J'aurai dix ans. Si tu es d'accord, on jouera aux papas et aux mamans qui ont des soucis.

_ Ah oui, trop bien. Compte sur moi, je viendrai.

(Les 2 enfants quittent la scène, côte à côte en tournant le dos au public. On peut percevoir dans le dos de Cynthia Stella des ailes d'ange.
La fillette se retourne vers le public. Elle lui fait un clin d'œil et met son index sur sa bouche en signe de garder ce secret sous silence.)